Children's Room
133 Elm Street
New Haven. Conn. 06510

P9-CEB-348

# A Russian ABC

# АБВ

## Featuring Masterpieces from the Hermitage, St. Petersburg

## Florence Cassen Mayers

Harry N. Abrams, Inc.,
Publishers, New York,
in association with
SMART,
St. Petersburg

For my daughters, Lela and Dara

Editor: Harriet Whelchel
Designer: Florence Cassen Mayers

*Library of Congress Cataloging-in-Publication Data*
Mayers, Florence Cassen.
A Russian ABC : АБВ : featuring masterpieces from the Hermitage,
St. Petersburg / Florence Cassen Mayers.
p.      cm.
English and Russian.
Summary: Examples of art from three Russian museums introduce
and illustrate the letters of the Cyrillic alphabet.
ISBN 0-8109-1919-2
1. Lettering in art—Juvenile literature.   2. Cyrillic alphabet in art—
Juvenile literature.   3. Art, Russian—Juvenile literature.   4. Art—
Juvenile literature.   5. Art—Russian S.F.S.R.—St. Petersburg—Juvenile
literature.   6. Gosudarstvennyĭ Ermitazh (Soviet Union)—Juvenile
literature.   [1. Cyrillic alphabet.   2. Alphabet.   3. Painting,
Russian.   4. Art appreciation.]   I. Title.
N8219.L4M39    1992
709′.47′07447453—dc20                                    92-8059
                                                         CIP
                                                         AC

Design copyright © 1992 Florence Cassen Mayers

Illustrations copyright © 1992 the Hermitage, St. Petersburg, the
Tretyakov Gallery, Moscow, and the Russian Museum, St. Petersburg,
with the exceptions of:
    *Kazan Mother of God* icon photograph is reproduced courtesy
Catherine the Great catalogue, Booth-Clibborn Editions, London
    The *fir tree* images are reproduced by kind permission of
Sotheby's, London

Published in 1992 by Harry N. Abrams, Incorporated, New York
A Times Mirror Company
All rights reserved. No part of the contents of this book may be
reproduced without the written permission of the publisher

Printed and bound in Japan

*Other Books in the ABC Series*
ABC: Museum of Fine Arts, Boston
ABC: The Museum of Modern Art, New York
ABC: The National Air and Space Museum
ABC: Egyptian Art from The Brooklyn Museum
ABC: Costume and Textiles from the Los Angeles County Museum
        of Art
ABC: Musical Instruments from The Metropolitan Museum of Art
ABC: National Museum of American History
ABC: The Alef-Bet Book, The Israel Museum, Jerusalem
ABC: The Wild West, Buffalo Bill Historical Center, Cody, Wyoming

*Титульный лист:*                    *Title page:*
Парадная лестница                    The main staircase of the
Зимний дворец,                       Winter Palace, now a part of the
Санкт-Петербург                      Hermitage, St. Petersburg. Designed
Архитекторы                          by Bartolommeo Francesco Rastrelli,
Ф.-Б. Растрелли (1753–1759);         1753–59, rebuilt by Vasily Stasov,
В. Стасов (1837–1839)                1837–39

J709.47
M453r

# Introduction

In this most recent edition of the Museum ABC series, Abrams and the Russian publisher SMART join forces to present a unique opportunity for readers of all ages to become acquainted with the Cyrillic alphabet, or *azbuka*, which is the basis of the Russian language.

Each letter is illustrated with selections from the Hermitage in St. Petersburg and from other Russian collections. Because the Cyrillic alphabet does not correspond exactly to that of the English language, each object illustrated is named in Russian, then transliterated using Roman letters to show how the Russian word is pronounced, and then translated into English. For example, the Cyrillic letter Ё is represented by Ёлка (Yolka), a colorful *fir tree* that is part of a stage design by the Russian artist Boris Kustodiev. Ж is Женщина (Zhenshchina), a beautiful portrait of a *woman* by Rembrandt; and Ш and Щ are Шашка (Shashka) and Щит (Shchit), an elaborate *saber* and *shield* from nineteenth-century Caucasus, then part of Russia.

The Russian alphabet consists of thirty-three letters, four of which—Ъ, Ы, Ь, and Й—are not illustrated in this book. The first three letters can be found within a Russian word but never at the beginning; words beginning with Й are extremely rare and are all borrowed from other languages. Inquisitive young readers will find instances of these letters as they work their way through the alphabet.

Russia is a region rich in history, and the recent political changes there impart a special timeliness to this book. Now more than ever, the fabulous museums of Russia—with the Hermitage at the forefront—attract visitors from around the world. For those unable to journey to these museums, it is hoped that this *azbuka* will serve as an introduction to a fascinating culture and its treasures.

# Введение

Эта книга, продолжающая серию «Музейная азбука», вышла в свет благодаря совместным усилиям издательских фирм «Хэрри Абрамс» (США) и «СМАРТ» (Россия). Издатели надеются, что книга будет полезна и детям и взрослым, всем, кто хочет познакомиться со славянским алфавитом, или кириллицей, который лег в основу русской письменности.

В качестве иллюстраций к «Азбуке» выбраны произведения искусства из собраний Эрмитажа и других русских музеев. Подписи к иллюстрациям даны в трех вариантах: название предмета на русском языке, транслитерация русского слова латинскими буквами (чтобы показать, как это слово произносится) и, наконец, перевод на английский. Например, русская буква Ё представлена словом ЁЛКА (Yolka) и проиллюстрирована деталью эскиза красочной театральной декорации Бориса Кустодиева, буква Ж — словом ЖЕНЩИНА (Zhenshchina) , и рядом помещен прекрасный женский портрет кисти Рембрандта, а Ш и Щ — соответственно ШАШКА (Shashka) и ЩИТ (Shchit)— сопровождаются фотографиями великолепного кавказского оружия.

Русский алфавит состоит из 33 букв. Четыре буквы — Ъ, Ы, Ь и Й — оставлены без иллюстраций, поскольку три из них никогда не встречаются в начале слова, а слова, начинающиеся с Й, очень немногочисленны и представляют собой заимствования из других языков. Однако любознательный юный читатель обязательно найдет примеры употребления этих букв, если внимательно прочтет нашу «Азбуку».

Россия — страна с богатейшей историей, которая всегда вызывала к себе повышенный интерес. Выход этой книги представляется особенно своевременным в связи с недавними переменами в политической сфере. Сокровища музеев России — и прежде всего Эрмитажа — привлекают всё большее число посетителей со всех концов света. Тем же, кто не в состоянии совершить путешествие и побывать в этих музеях лично, поможет наша «Азбука», которая приглашает вас в волшебный мир русской культуры и искусства.

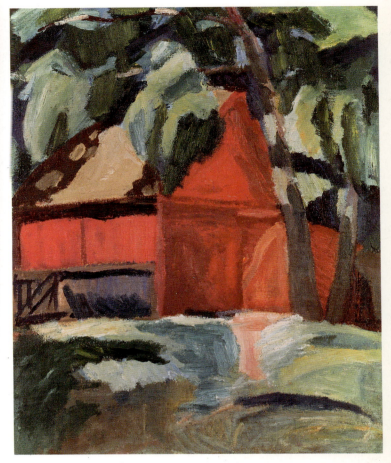

Амбар
Ambar
Barn

Алексей Моргунов. «Пейзаж».
1909–1910
Холст, масло. 63,1 × 51,3 см
Государственная Третьяковская
галерея, Москва

Alexei Morgunov. *Landscape*
1909–10
Oil on canvas, 25¼ x 20½″
Tretyakov Gallery, Moscow

Бб ь

Букет
Buket
Bouquet

Иеремия Позье. «Букет». Ок. 1740
Драгоценные камни в обрамлении
мелких бриллиантов (цветы); медь
(стебли); окрашенная ткань
(листья). Высота 26,1 см
Государственный Эрмитаж

Jérémie Pauzié. *Bouquet*. с. 1740
Various precious stones and
diamonds (flower heads), copper
(stalks), dyed fabric (leaves),
height 10³/₈″
Hermitage

# Вв  V

Веер
Veyer
Fan

Веер
Россия. 1902
Роспись по шелку; дерево.
Длина 32,5 см
Государственный Эрмитаж

Fan
Russian, 1902
Wood, painted silk, length 13″
Hermitage

Пьер-Огюст Ренуар
«Девушка с веером». 1881
Холст, масло. 65 × 50 см
Государственный Эрмитаж

Pierre-Auguste Renoir
*Girl with Fan.* 1881
Oil on canvas, 25⅝ x 19⅝″
Hermitage

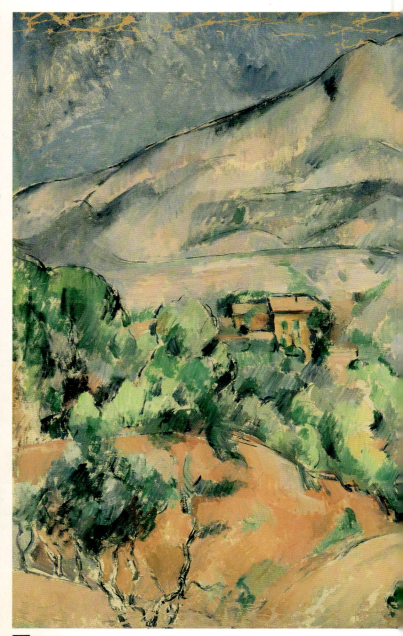

Гора
Gora
Mountain

Поль Сезанн
«Гора св. Виктории». 1900
Холст, масло. 78 × 99 см
Государственный Эрмитаж

Иван Клюн. «Пейзаж». 1911
Картон, масло. 35 × 45,6 см
Государственная Третьяковская
галерея, Москва

Paul Cézanne
*Mont Sainte-Victoire*. 1900
Oil on canvas, 30³/₄ x 39″
Hermitage

Ivan Kliun. *Landscape*. 1911
Oil on cardboard, 14 x 18¹/₄″
Tretyakov Gallery, Moscow

# Дд d

Дома
Doma
Houses

# Ee  ye

Екатерина
Yekaterina
Catherine

Григорий Мусикийский
«Екатерина I». 1724
Роспись по эмали; золото.
6,5 × 8,8 см (овал)
Государственный Эрмитаж

Борис Кустодиев. Эскиз декорации
ко второму акту «Блохи»
(общий вид и деталь). Ок. 1924
Бумага, наклеенная на картон;
перо, тушь, акварель. 35,6 × 55 см
Воспроизводится с разрешения
фирмы «Сотбиз», Лондон.

Grigory Musikiysky
*Catherine I*. 1724
Enamel miniature on gold,
2⅝ x 3½″ (oval)
Hermitage

Boris Kustodiev
Stage design for Act II of *The Flea*
(full view and detail). c. 1924
Pen, ink, and watercolor on paper
mounted on cardboard, 14¼ x 22″
Reproduced by kind permission of
Sotheby's, London

# Ёё yo

Ёлка
Yolka
Fir tree

# Жж
## zh

Женщина
Zhenshchina
Woman

Рембрандт. «Флора». 1634
Холст, масло. 125×101 см
Государственный Эрмитаж

Rembrandt van Rijn. *Flora*. 1634
Oil on canvas, 49¼ x 39¾″
Hermitage

## Зонтик
## Zontik
## Parasol

Зонтик.
Россия. XIX в.
Цветной шелк; аппликация,
вышивка цветной гладью;
золотые блестки и бисер; дерево
Длина 72 см
Государственный Эрмитаж

Parasol
Russian, 19th century
Colored silk with satin-stitched
appliqué medallions, gold beads,
and sequins, wooden handle and
stick, length 28$^2/_3$″
Hermitage

Икона
Ikona
Icon

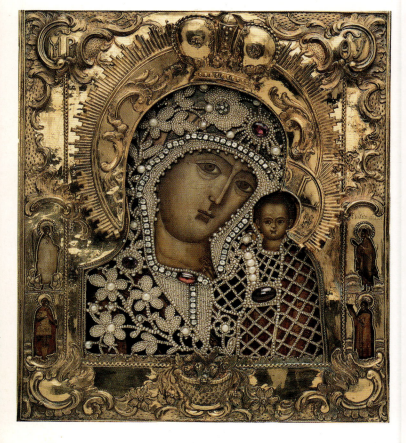

Мастер Иаков Фролов
«Богоматерь Казанская». 1775
Дерево, позолота, серебро,
жемчуг, полудрагоценные камни,
холст; вышивка. 32,5×28,1 см
Государственный Эрмитаж

«Богоматерь»
Россия (Московская школа).
Конец XV— начало XVI в.
Дерево, темпера. 104,4×87,5 см
Государственный Эрмитаж

Master Iakov Frolov
*The Kazan Mother of God.* 1775
Wood, gilding, silver, pearls,
semiprecious stones, cloth, and
embroidery, 13 x 11¼″
Hermitage

*The Virgin*
Russian (Moscow), late
15th–early 16th century
Tempera on wood, 41¾ x 35″
Hermitage

# Кк k

Куст
Kust
Bush

Винсент ван Гог
«Куст сирени». 1889
Холст, масло. 72 × 92 см
Государственный Эрмитаж

Vincent van Gogh
*The Lilac Bush*. 1889
Oil on canvas, 28³/₈ x 36¹/₄″
Hermitage

Люстра в Павильонном зале
Малого Эрмитажа
Россия. Вторая половина XVIII в.
Бронза, хрусталь.
Диаметр 135 см, высота 190 см
Государственный Эрмитаж

Chandelier in the Pavilion Hall
of the Small Hermitage
Russian, second half 18th century
Bronze and crystal, maximum
diameter 53″, height 75″
Hermitage

# Лл

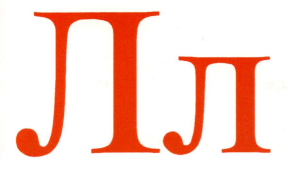

1

Люстра
Lyustra
Chandelier

# Мм m

## Мадонна
## Madonna
## Madonna

Леонардо да Винчи. «Мадонна
с младенцем (Мадонна Литта)».
Конец 1470-х–ок. 1490/91
Холст, темпера (переведена
с дерева). 42 × 33 см
Государственный Эрмитаж

Leonardo da Vinci
*Madonna and Child
(the Litta Madonna)*. Late 1470s–90/91
Tempera on canvas (transferred from
wood), $16^{7}/_{8}$ x $13^{3}/_{8}$"
Hermitage

Иван Клюн. «Натюрморт». 1934
Холст, масло. 73,8 × 59 см
Государственная Третьяковская
галерея, Москва

Ivan Kliun. *Still Life*. 1934
Oil on canvas, $29^{1}/_{2}$ x $23^{5}/_{8}$"
Tretyakov Gallery, Moscow

Виллем Калф. «Натюрморт».
Вторая половина XVII в.
Холст, масло. 105 × 87,5 см
Государственный Эрмитаж

Willem Kalf. *Still Life*
Second half 17th century
Oil on canvas, $41^{3}/_{8}$ x $34^{1}/_{2}$"
Hermitage

# H H n

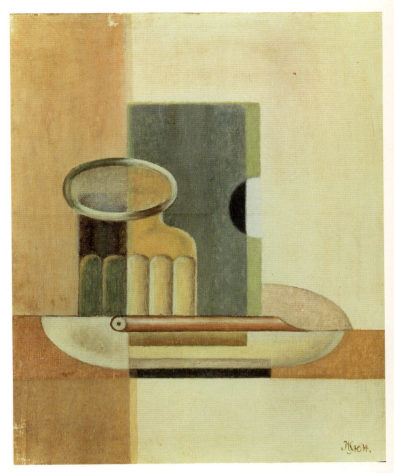

## Натюрморт
## Natyurmort
## Still Life

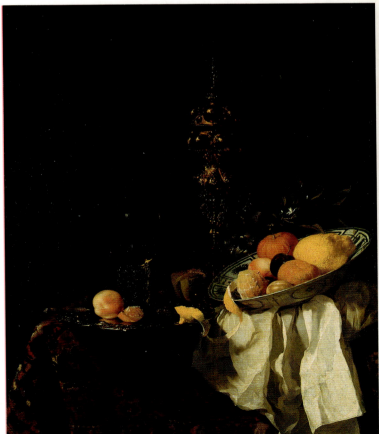

# Oo o

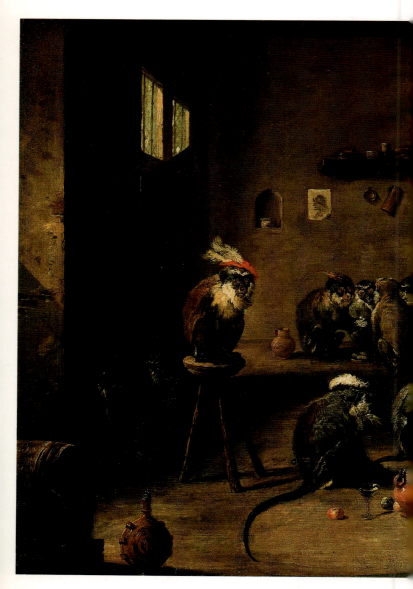

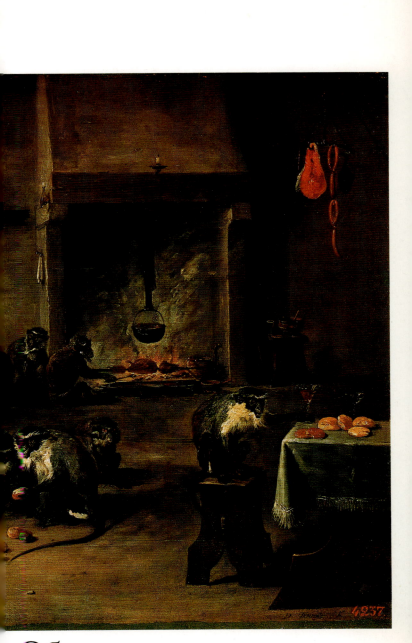

# Обезьяны
# Obezyany
# Monkeys

Давид Тенирс Младший
«Обезьяны в кухне».
Вторая половина XVII в.
Холст, масло. 36×50,5 см
Государственный Эрмитаж

David Teniers the Younger
*Monkeys in the Kitchen*
Second half 17th century
Oil on canvas, 14$^1/_8$ x 19$^7/_8$″
Hermitage

# Пп р

Платье
Platye
Dress

Платье
Россия. 1860-е
Синий фай, тканый купонный узор.
Ширина подола 405 см
Государственный Эрмитаж

Dress
Russian, 1860s
Blue faille with woven floral
bands, hem width 13′6″
Hermitage

# Птица
# Ptitsa
# Bird

Фазан
Китай. XIX в.
Фарфор, цветная глазурь.
Высота 31 см
Государственный Эрмитаж

Pheasant
Chinese, 19th century
Porcelain with colored
glaze, height 12½″
Hermitage

# P p  r

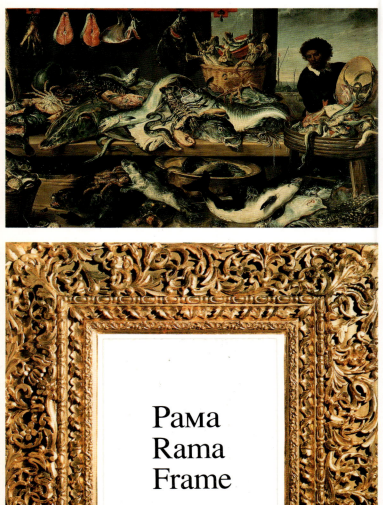

Рама
Rama
Frame

Франс Снейдерс
«Рыбная лавка». Конец 1610-х
Холст, масло. 209,5 × 341 см
Государственный Эрмитаж

Рама
Россия. Конец XVIII–начало XIX в.
Дерево, позолота. 66 × 57 см
Государственный Эрмитаж

Frans Snyders
*Fish Store*. Late 1610s
Oil on canvas, 6′10$\frac{1}{2}$″ x 11′2$\frac{1}{4}$″
Hermitage

Frame. Russian, late 18th–early
19th century
Gilded wood, 26$\frac{1}{2}$ x 23″
Hermitage

# Cc s

Слон
Slon
Elephant

Самовар
Samovar
Samovar

Слон
Англия («Дултон и Kᵒ»). 1905–1914
Фарфор; роспись
подглазурная, монохромная.
Высота 10 см
Государственный Эрмитаж

Чарльз Райт
Самовар. 1770–1771
Серебро, литье. Высота 57 см
Государственный Эрмитаж

Elephant
English (Doulton & Co.), 1905–14
Porcelain, with monochrome
painting under *flambé* glaze,
height 4″
Hermitage

Charles Wright
Samovar, 1770–71
Cast silver, height 22³/₈″
Hermitage

## Тарелка
## Tarelka
## Plate

## Туфли
## Tufli
## Shoes

Тарелка из сервиза с изображением ордена Александра Невского
Россия. 1780
По эскизу Гавриила Козлова (Завод Гарднера, село Вербилки, Московская губерния)
Фарфор, роспись надглазурная, золочение. Диаметр 23,5 см
Государственный Эрмитаж

Туфли *(сверху вниз)*
Россия. 1880-е. Шелк, пуговицы из стекла. Высота (с каблуком) 36 см
Россия. 1870-е. Атлас, розетки из той же ткани.
Высота каблука 7 см
Франция (Париж). Начало XX в. Атлас, пряжки со стразами.
Высота каблука 5 см
Государственный Эрмитаж

Plate with the Order of
St. Alexander Nevsky from the czar's dinner service
Russian, 1780. After a sketch by Gavriil Kozlov (Gardner Porcelain Factory, Verbilki, Moscow province)
Porcelain, overglaze painting, gilding, diameter $9\frac{1}{2}''$
Hermitage

Shoes
*Top:* Russian, 1880s. Silk, glass buttons, height (with heels) $14\frac{3}{8}''$
*Middle:* Russian, 1870s. Satin, with rosettes of the same fabric, height of heels $2\frac{7}{8}''$
*Bottom:* French (Paris), early 20th century. Satin, buckles with paste jewels, height of heels $2''$
Hermitage

Улица
Ulitsa
Street

Константин Коровин
«Париж. 14-е июля». 1910-е
Холст, масло. 64 × 46 см
Государственный Русский музей,
Санкт-Петербург

Konstantin Korovin
*Paris, 14th of July.* 1910s
Oil on canvas, $25^{1/2}$ x $18^{3/8}$″
Russian Museum, St. Petersburg

# Фф f

## Фонарь
## Fonar
## Lantern

Фонарь
Россия. XVII в.
Олово, железо, слюда, дерево.
115 × 41 × 40 см
Государственный Эрмитаж

Night lantern
Russian, 17th century
Tin, iron, mica, wood,
45¼ x 16⅛ x 15¾″
Hermitage

# X x kh

## Художник
## Khudozhnik
## Artist

## Художница
## Khudozhnitsa
## Artist

Иоб Адрианс Беркхейде
«Художник в мастерской». 1659
Холст, масло. 49 × 36,5 см
Государственный Эрмитаж

Наталья Гончарова
«Автопортрет с желтыми
лилиями». 1907
Холст, масло. 78,1 × 59,7 см
Государственная Третьяковская
галерея, Москва

Job Adriaensz. Berckheyde
*A Painter in His Studio.* 1659
Oil on wood, 19¼ x 14⅜″
Hermitage

Natalia Goncharova
*Self-Portrait with Yellow Lilies.* 1907
Oil on canvas, 31¼ x 23⅞″
Tretyakov Gallery, Moscow

# Цщ ts

Царь
Tsar
Czar

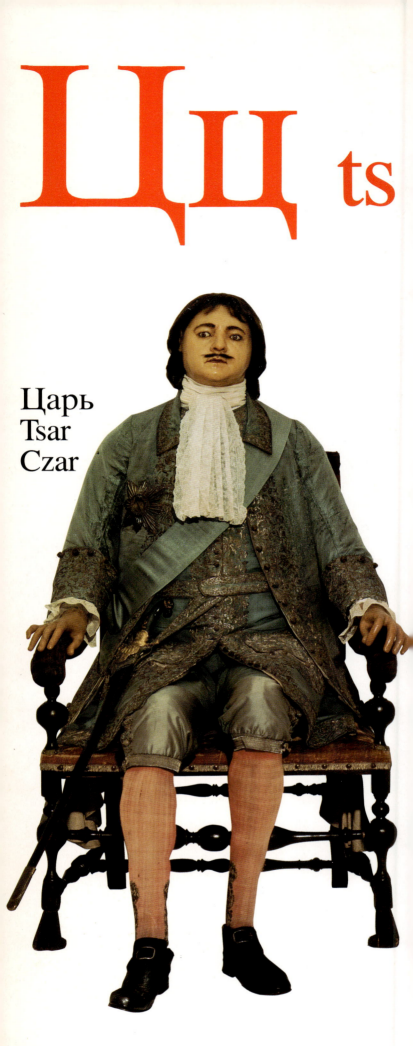

К.-Б. Растрелли. «Петр Первый (Восковая персона)» Начало XVIII в. Высота сидящей фигуры 156 см Государственный Эрмитаж

Bartolommeo Carlo Rastrelli Czar Peter I. Early 18th century Wax figure, height (seated) 62$^{1}/_{2}$″ Hermitage

# Ч ч ch

## Чайник
## Chainik
## Teapot

## Часы
## Chasy
## Clock

Симон Буазо (Севрский
фарфоровый завод, Франция).
Чайник из «Сервиза с камеями».
1777–1779
Фарфор, роспись надглазурная,
золочение. Высота 18 см
Государственный Эрмитаж

Simon Boizot
(Sèvres Porcelain Factory, France)
Teapot from Catherine the Great's
"Cameo" service. 1777–79
Porcelain, overglaze painting,
gilding, height 7″
Hermitage

Жак Кафьери
Настольные часы «Кухня».
Середина XVIII в.
Бронза, фарфор, серебро; фигурки
детей — мейссенский фарфор,
поздняя работа. 45 × 34 × 25 см
Государственный Эрмитаж

Jacques Caffiéri
*Kitchen.* Mid-18th century
Desk clock of bronze, porcelain,
and silver (the Meissen porcelain
figures of children were added
later), 18 x 13²/₃ x 10″
Hermitage

# Шш
## sh

Шашка
Shashka
Saber

Шарф
Sharf
Scarf

# Щ ш

## shch

Щит
Shchit
Shield

Шашка
Грузия (Тифлис). Ок. 1830
Дамасская сталь, золото, насечка;
шагрень. Длина 107,9 см
(длина клинка 94,2 см)
Государственный Эрмитаж

Саб Saber
Georgian (Tiflis, now Tbilisi,
in the Caucasus), c. 1830
Damascus steel, gold, engraving,
leather, length overall $42^{1}/_{2}''$,
length of blade $36^{1}/_{4}''$
Hermitage

Шарф
Россия (Крепостная мануфактура
Колокольцова, Саратовская
губерния). Первая половина XIX в.
Шерсть, ручное ткачество.
221,6 × 60,9 см
Государственный Эрмитаж

Scarf
Russian (Kolokoltsov's serf
workshops, Saratov province),
First half 19th century
Double-woven wool, $88^{5}/_{8}$ x $24^{3}/_{8}''$
Hermitage

Щит
Черкессия. 1829
Сталь, золото, серебро, насечка,
гравировка; кожа.
30 × 20,7 см (овал)
Государственный Эрмитаж

Shield
Cirkassian (North Caucasus), 1829
Steel, gold, silver, engraving,
leather, $8^{1}/_{3}$ x 12″ (oval)
Hermitage

Эрмитаж
Ermitazh
Hermitage

Эрмитаж
Вид со стороны Невы

The Hermitage, view
from the Neva River

# Юю
## yu

Юноша
Yunosha
Youth

«Лежащий юноша»
Иран (Исфахан).
Начало XVII в.
Миниатюра на бумаге. 20×32,5 см
Государственный Эрмитаж

*The Reposing Youth*
Isfahan School, Iran,
early 17th century
Miniature on paper, 8 x 12$^{15}$/$_{16}$"
Hermitage

APR 1 4 1994

# ЯЯ ya

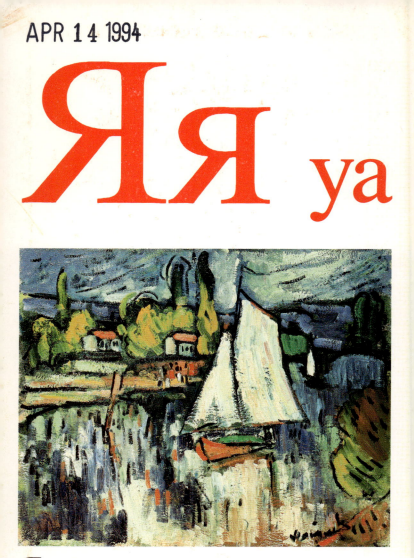

## Яхта
## Yakhta
## Yacht

Морис Вламинк
«Вид на Сену». 1905–1906
Холст, масло. 54 × 64,5 см
Государственный Эрмитаж

Maurice Vlaminck
*View of the Seine*. 1905–6
Oil on canvas, 21¼ x 25⅜″
Hermitage